DOUBLE
E 5620

# LA
# GUERRE DE 1870

ET

## LA NEUTRALITÉ DE LA BELGIQUE
## DE LA HOLLANDE, DU LUXEMBOURG, DE LA SUISSE
## L'AUTRICHE, L'ITALIE ET L'ANGLETERRE

COMPRENANT :

### LA JURISPRUDENCE DU DROIT DES GENS
depuis les temps les plus reculés jusqu'à nos jours

SUR

I. LES RÉFUGIÉS MILITAIRES ET LES BIENS DES BELLIGÉRANTS
SUR LE TERRITOIRE NEUTRE
II. SUR L'INDUSTRIE. III. LE COMMERCE
IV. ET LA SÛRETÉ DES BIENS DES NEUTRES PENDANT LA GUERRE ;

PAR

# SIEGFRIED WEISS

DOCTEUR EN DROIT, CHEVALIER DE L'ORDRE MILITAIRE
ET DE L'ORDRE CIVIL
DES SS. MAURICE ET LAZARE, ETC., ETC.

BRUXELLES | PARIS

CH. ET A. VANDERAUWERA | DENTU, LIBRAIRE
8, rue de la Sablonnière, 8. | Palais-Royal

1871

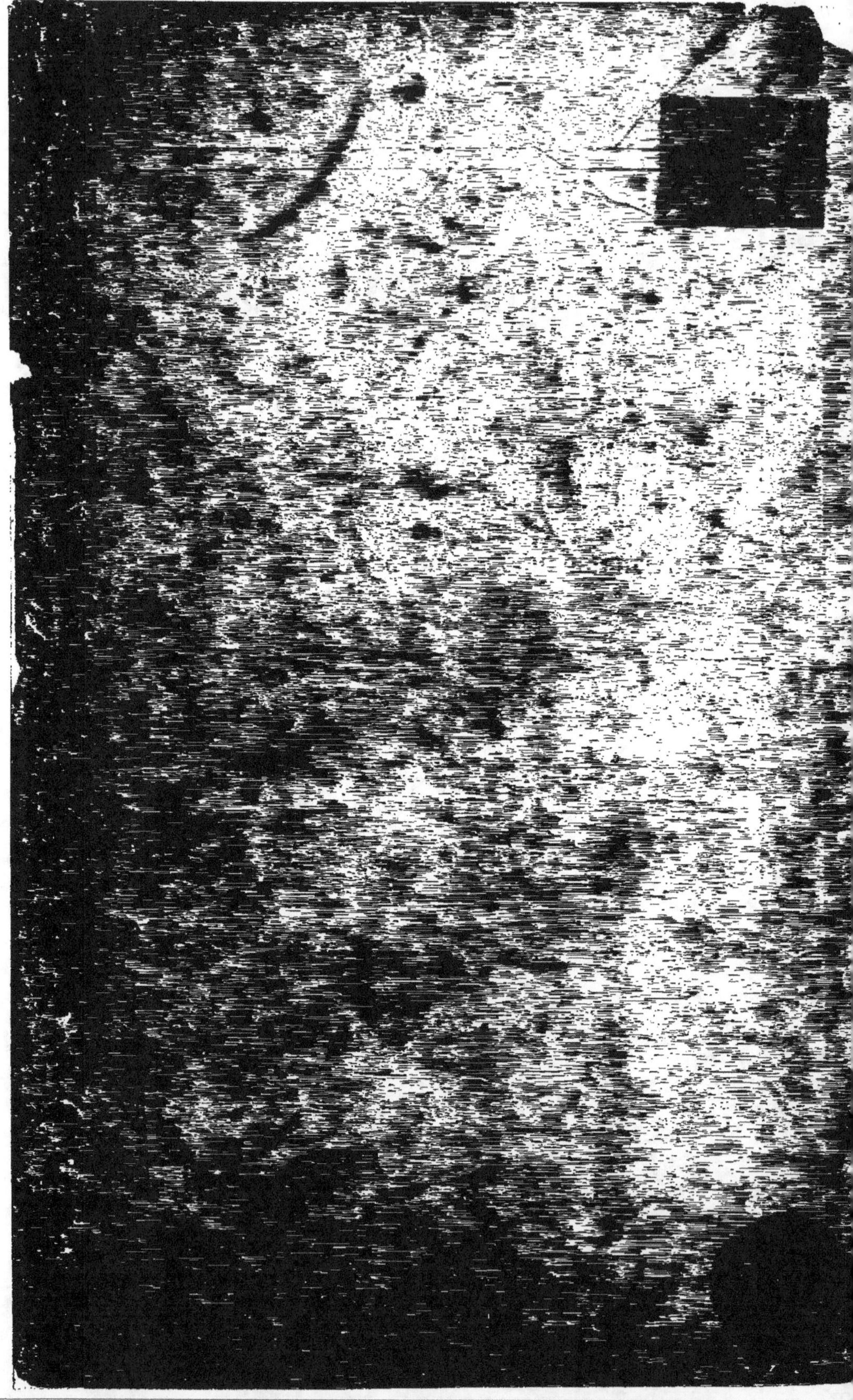

# LA
# GUERRE DE 1870

ET

## LA NEUTRALITÉ DE LA BELGIQUE
## DE LA HOLLANDE, DU LUXEMBOURG, DE LA SUISSE
## L'AUTRICHE L'ITALIE ET L'ANGLETERRE

COMPRENANT :

### LA JURISPRUDENCE DU DROIT DES GENS

depuis les temps les plus reculés jusqu'à nos jours

SUR

I. LES RÉFUGIÉS MILITAIRES ET LES BIENS DES BELLIGÉRANTS
SUR LE TERRITOIRE NEUTRE
II. SUR L'INDUSTRIE. III. LE COMMERCE
IV. ET LA SURETÉ DES BIENS DES NEUTRES PENDANT LA GUERRE ;

PAR

## SIEGFRIED WEISS

DOCTEUR EN DROIT, CHEVALIER DE L'ORDRE MILITAIRE
ET DE L'ORDRE CIVIL
DES SS. MAURICE ET LAZARE, ETC., ETC.

---

| BRUXELLES | PARIS |
|---|---|
| CH. ET A. VANDERAUWERA | DENTU, Libraire |
| 8, rue de la Sablonnière, 8. | Palais-Royal. |

1871

BIBLIOTHÈQUE NATIONALE IMPRIMÉS RF

ACQUISITION N° 54,917.

5620 Double V°

# LA GUERRE DE 1870

### ET LA

### NEUTRALITÉ DE LA BELGIQUE

### DE LA HOLLANDE, DU LUXEMBOURG, DE LA SUISSE, DE L'AUTRICHE

### DE L'ITALIE ET DE L'ANGLETERRE.

Les Chambres des représentants et les gouvernements belges, hollandais, luxembourgeois, suisses, italien et anglais ont été mis en émotion. N'ayant pas de jurisprudence du droit des gens sur les droits des neutres à opposer aux demandes exigeantes des Allemands dans la guerre actuelle contre la France ils ne savaient pas comment ils devaient agir avec équité.

Ils ont demandé à grands cris cette jurisprudence pour pouvoir se défendre avec leurs gouvernements contre les fausses accusations de violation de neutralité, attendu que cette jurisprudence fait défaut. Pourtant j'ai déjà, en 1854, publié à Paris un travail sur les droits et devoirs des neutres, pour combler un vide qui a existé alors dans la jurisprudence. (1) — L'ouvrage cité dans le *Dictionnaire des contemporains* et dans la *Biographie générale* est intitulé : *Code du droit et du devoir d'une puissance neutre* (Paris, 1854, et, en 2ᵉ édition, Paris, 1865). Le travail condensé dans ces pages a pour but de donner

(1) Mais comme aucun auteur n'avait traité en détail la question des neutres je me suis décidé à publier en 1854 mon traité spécial sur les neutres dont il est question plus haut.

un aperçu de la jurisprudence depuis les temps les plus reculés jusqu'à nos jours concernant les questions de neutralité, telles qu'elles ont été présentées aux gouvernements concernant I° les réfugiés militaires et leurs biens dans les pays neutres, II l'Industrie, III le Commerce et IV les Biens des neutres.

La jurisprudence la plus ancienne du temps des Grecs et Romains jusqu'à nos jours a soutenu : 1° *que les puissances belligérantes n'ont pas le droit de forcer une puissance neutre de faire prisonniers de guerre les soldats de leur ennemi qui s'échappent de leur pouvoir sur un territoire neutre, pour sauver leur vie et leur liberté ;* 2° qu'ils y sont libres ainsi que leurs biens ; et 3° que le commerce entre le neutre et belligérant est également entièrement libre. Nous en citons :

I° Les jurisconsultes romains :

a. *Pomponius* (lib. v, § 10, *De Capt.*); b, *Paulus* (lib. xix, § 3, *De Capt.*), disent expressément : que si les captifs (prisonniers de guerre) s'échappent du pouvoir ennemi chez les puissances amies (neutra), ils sont considérés comme gens libres et soumis aux lois ordinaires.

II° Le Droit romain (*Dig.*, lib. xlix, tit. 15, lex 5<sup>e</sup>, § 1) dit que le prisonnier de guerre qui s'échappe de l'ennemi chez des puissances neutres devient homme libre.

« Si aut amicos nostros perveniat (*Le Captif*)... esse « cœpuit, » c'est-à-dire il acquit dans ce cas la restitution ( « *restitutio in integrum juris in persona aut in bono* » comme un Postliminus) de tous ses droits.

III° *Polybe* (dans son livre iii, chap. 24, sur la guerre punique entre Rome et Carthage) dit ceci : « Quand les prisonniers de guerre des Carthaginois venaient chez les Romains, ils étaient des gens libres, quand même ils n'étaient ni Romains ni Latins; et enfin

IV° *Plutarch* (dans son livre *Flaminio*, pag. **376** et **377**) dit à cet égard que la Grèce (qui était puissance neutre, dans la guerre punique) mit en liberté les prisonniers de guerre romains quand ils se réfugiaient chez elle : « *Ut qui Carthagensibus* capti e populis amicis Ro- » manorum in portus romanis subditos venissent, in » libertatem vindicari possent; utque Carthaginiensum » amicis per jus esset. *Ideo qui Romanorum bello punico* « *secundo capti in Græciam pervenerant jus ibi postli-* » *mini non habuerunt*, qui Græci in eo bello, NEUTRAS » SECUTI FUERANT (parce qu'il était « *ipso facto*, » homme libre, et il n'était pas nécessaire de lui accorder la restitution intégrale de tous ses droits comme « *Postliminus*, » c'est-à-dire comme réfugié qui était prisonnier de guerre) : « ac propter ea opus fuit eos redimi aut liberantur, » etc.

« Quand les prisonniers de guerre des Carthaginois » appartenant aux puissances amies des Romains ve- » naient se réfugier dans un port romain, leur liberté » était garantie de droit, parce qu'ils étaient aussi amis » des Carthaginois. — Il en fut de même dans la se- » conde guerre punique, AVEC *les prisonniers de guerre* » *des Romains* en Grèce, auxquels le droit d'un « *Postli-* » *minus* » n'était pas applicable, *parce que la Grèce fut* » *neutre dans cette guerre, et il était de son devoir de* » *leur donner la liberté.* »

V° Je dis que c'était la jurisprudence du droit des gens à l'égard des puissances neutres et l'armée des belligérants dans les guerres des Barbares de l'époque la plus reculée. — Cette jurisprudence a trouvé sa codification, même dans le droit romain, comme je viens de le démontrer plus haut. — Elle a été suivie comme règle pendant toutes les guerres du moyen âge, et nous en trouvons la preuve chez les auteurs du xviᵉ siècle, qui, les premiers, se sont occupés d'établir quelques règles pour un droit public. J'en cite :

VI°. *Alber. Gentilis* dit dans son ouvrage : « *De jurè belli, libri tres* (Oxford, 1588), chap. xxi :

« *Dans la guerre entre l'Angleterre et l'Espagne, les Hollandais (neutres) avaient envoyé aux Espagnols, et malgré les réclamations de l'Angleterre, les munitions de guerre, soutenant publiquement que le droit des gens et la liberté du commerce le permet.*

» *Certainement la loi positive était pour les Hollandais, etc., etc. — Le droit de faire le commerce est équitable.... il appartient au droit des gens, etc., etc.* »

Voici le texte :

« *Quæ cum periculo magno, ac detrimento regni Angliæ, Fœderatorum qui facere tenant, alii ut ad Hispanos deferant commeatum, et quod in bello sui esseu solet; etiam facere pergunt rogati ne faciant; etiam petunt ne rem istam rogentur, quæ contra jus gentium et commercium libertatem est.... Hinc jure stricto pro his.... Jus commerciorum æquum est, at hoc æquius tuendæ salutis, est illud gentium Jus.* »

Quant aux sujets de l'ennemi qui se réfugient dans le pays neutre, il soutient que pleine liberté leur doit être accordée. Il dit cela dans son autre ouvrage : « *Hispanicæ advocationis,* » lib. I, chap. xiv, et très-nettement même, pour le cas où le belligérant se réfugiait avec les vaisseaux de guerre dans un port neutre.

Gentilis n'est qu'à la recherche ; mais Grotius est beaucoup plus positif encore.

Refug. mili'.
. I.

VII°. « *Hugo Grotius* » dans son grand ouvrage sur le droit pendant la guerre jusqu'à la paix : « *De jure belli ac pacis,* » lib. III, cap. xiv, tit. 6, § 5 et tit. 7, en parlant du prisonnier de guerre en parallèle d'un esclave qui s'évade de son maître, dit, d'accord avec le jurisconsulte romain Ulpianus, « que le *droit des gens lui accorde* » *le bénéfice de manumission, c'est-à-dire la liberté,* etc. »

Mais dans le titre VII il dit : « *Il est la question quel* » *est le droit envers un réfugié qui était légalement pri-* » *sonnier de guerre. Ici, dit-il, le fait public accompli,* » *décide en sa faveur* « c'est-à-dire, il a conquis par là, » » sa liberté. »

Voici le texte :

Tit. 6 § 5. « *Posteaquam jure gentium servitus invasit, secuntum est beneficium manumissionis, etc., etc.* »

Tit. VII. « Quaestio hic incidit, an fugere fas sit ei qui » bello justo captus est : — (non de eo agimus qui suo » proprio delito pœnam eam est commeritus, sed qui » in publico facto) : — in hanc fortunam decidit. »

Consultons encore le même auteur lib. III, chap. IX, tit. II, où il dit ceci :

« Si le prisonnier de guerre s'enfuit chez les puis- » sances amies, c'est-à-dire alliées ou neutres, sa personne » et ses biens y doivent être traités amicalement *et selon* » *le régime ordinaire,* » c'est-à-dire comme tout autre citoyen et selon le droit commun. — Il fonde son opinion sur Pomponius et Paulus, grands légistes romains, qui en citent des exemples du passé, et il continue disant que ce droit lui est accordé par la puissance amie non-seulement quant elle est en paix, c'est-à-dire *neutre,* mais aussi quant elle a une part dans la guerre comme alliée.

Voici le texte :

« *Si quis homo aut res ejus generis, in quo* POSTLIMIUM
» ESSE PLACUERAT, — PARVENISSET *ad* AMICOS NOSTROS ( ut
» loquitur dicto loco Pomponius aut ut Paulus exempli
» causa explicat) *ad* REGEM SOCIUM VEL AMICUM *quibus in*
» LOCIS AMICI *ant* SOCII ; *intellegendi sunt, non simpliciter qui*
» *buscum* PAX EST, *sed qui parte in bello easdem sequun-*
» *tur.* »

Dans son livre III, chap. I, Tit. V, § 3, il soutient
que les neutres sont civilement et pénalement respon-
sables s'ils observent une stricte neutralité envers celui
qui continue injustement une guerre : « *quod si præterea*
» *evidentissima sit, hostis mei in injustitia, et illa* (neutres)
» *eum in bello iniquis simo confirmet, jam non tantum*
» *civiliter tenebitur de damno, sed et criminaliter ut is*
» *qui judici imminenti reum manifestum eximit,* » etc.,
etc. — Ensuite bib. III, chap. XVII, tit. 3, : « *Vicissim*
» *eorum, qui a bello alstinet officium* est *nihil facere quo*
» *validior fiat is,* QUI IMPROBAM FOVET CAUSAM AUT
» QUO JUSTUM BELLUM GERENTIS MOTUS IMPE-
» DIANTUR ; *secundum ea quæ dicta a nobis supra sunt.*
» IN RE VERO, DUBIA AEQUOS SE PRAEBERE
» UTRISQUE, etc., etc.

Dans son livre III, chap. I, tit. 5, il dit : quant à la neutralité, il n'y a pas des lois positives pour les neutres,
le droit naturel doit y aider : « *Hanc autem questio-*
» *nem, ad jus naturæ, ideo retulimus, quia, ex historiis*
» *nihil comperire potuimus, ea de re jure volutaris gen-*
» *tium esse constitum.* »

Quant au commerce entre belligérant et neutre, il soutient, d'accord avec le « Consulat de Mare » que la propriété des neutres est inviolable même entre le pouvoir

Industrie, com-
merce et biens
ad II, III, IV.

de l'ennemi par exemple sur un vaisseau ennemi mais il admet qu'à la grande rigueur le neutre ne doit pas fournir *des armes* et *des munitions* aux belligérants. — Lib. III, chap. VI, tit. 5, lib. III, chap. XVII, tit. 1 et 3.

Arrêtons-nous à ce passage pour un instant et demandons si Grotius veut dire par là : que le gouvernement neutre doit s'abstenir de faire le commerce lui-même de fournir des armes et munitions de guerre (c'est-à-dire objets *tout préparés* pour servir à la guerre) au belligérant ou veut-il que le commerçant et industriel du pays neutre s'en absti ennent aussi?

Mais la réponse résulte de ses déductions, d'accord avec le « *Consulato de Mare* » (ce que nous venons de citer), « *Gentilis* » et « *Casargis* », qu'aucun belligérant ne peut forcer un neutre qu'il détruise son commerce et ses arts pendant la guerre, parce que le neutre est en paix. J'ai déjà suivi dans mon Code du droit et du devoir d'une puissance neutre, Paris 1854, une ligne très-distincte entre les actes du gouvernement et celui du citoyen. Selon l'intention de tous les jurisconsultes, il faut en laisser libres l'industrie et le commerce des citoyens neutres, tandis que le gouvernement ne doit rien fournir aux belligérants de ses manufactures d'armes ni de ses munitions de guerre, qui généralement sont priviléges des gouvernements. D'ailleurs tous les belligérants peuvent profiter de cet état des neutres. Tous les jurisconsultes ont soutenu qu'il est injuste de demander aux neutres qui ne sont pour rien dans la guerre de lui sacrifier leur commerce et industrie.

Je m'en réfère spécialement à Grotius non pas parce que comme Hollandais il a imposé la loi commerciale à l'Europe, mais parce que je le considère comme le plus grand savant de la jurisprudence dans l'époque du moyen âge ; — Wolf et Gronovius, ne sont que secondaires à son autorité, car ils ont suivis leur maître Grotius.

Mais si cette jurisprudence qui a fait la loi chez les neutres et les belligérants, non-seulement pendant la guerre de l'indépendance entre les Pays-Bas et l'Espagne, au xvi<sup>e</sup> siècle et au xvii<sup>e</sup> siècle, mais encore dans les guerres de 1854, 1859, 1863 et 1866 pourquoi l'Europe devrait-elle être aujourd'hui plus barbare, plus inhumaine en droit des gens ?

Non, non, heureusement le progrès de l'humanité n'a pas permis que la science lui fasse défaut par la jurisprudence. Au xvii<sup>e</sup> siècle *Leibnitz* et *Puffendorf*, savants prussiens, se sont conformés à cette loi. *Vattel* n'en a jamais soutenu le contraire que le neutre ne soit obligé de respecter chez lui la liberté des personnes et biens des réfugiés des belligérants (1). *Nous verrons* que les élèves de Grotius s'en sont également conformés. Grotius fut suivi au xvii<sup>e</sup> siècle par Leibnitz, Puffendorf et Wolf. Vattel n'a écrit qu'au xviii<sup>e</sup> siècle, et il était disciple de Wolf.

Pour bien comprendre Vattel et Wolf, il faut donc suivre la loi depuis son origine et telle qu'elle avait été enseignée par Grotius et ses élèves Leibnitz et Puffendorf. Nous les examinerons ad IX, etc.



VIII° *Casaregi*, jurisconsulte italien, dit dans son ouvrage sur le droit international « *Discursus legales* ». Éd. 1737, disc. 24 : « Hostium PERSONÆ *et* bona » *possunt ubique capi... Sed non respectu principis terri-*

_____

(1) Aujourd'hui des gens entreprennent des anotations de l'ouvrage de Vattel, qui n'ont aucune autorité ou vocation, ils y ajoutent ce qui leur plaît politiquement.

» *torio alieni præsertim quando dominus territorio alieni*
» *est amicus, etc., etc., etc.* »

Ainsi selon lui : « *Les biens et personnes* ennemis
» *peuvent être capturés partout, mais non pas sur un*
» *territoire d'un autre* État, dont *le chef est ami, c'est-à-*
» *dire soit allié ou neutre dans la guerre* » et il continue disant : « que les navires qui se trouvent ainsi
» sous une jurisprudence non ennemi, ne peuvent être
» capturés légalement. « *Et navis inter faciens in alieneo*
» *territorio non hostili non licite prœdari potest.* »

Il faut considérer qui Casaregi met ici la personne et
les biens ennemis sous la même loi, et si sous la juridiction d'un neutre (ami) vous ne pouvez pas légalement
capturer la personne, vous n'y pouvez pas capturer non
plus les biens de l'ennemi. La loi de réciprocité s'appli-
que ainsi aux personnes et biens neutres sous la jurisprudence des belligérants.

Ainsi par exemple si les soldats ou navires anglais,
belges, hollandais, etc., ne peuvent pas être pris légalement dans les ports français ou allemands, les soldats
ou navires français ou allemands ne peuvent pas être
capturés non plus sur un territoire sous la juridiction
*des Anglais, Belges, Hollandais, Suisses.* Les Anglais,
Belges, Hollandais, Suisses, sont neutres dans les pays
belligérants, l'Allemagne et la France, et comme à leur
tour elles sont aussi neutres envers l'Angleterre, la Hollande, la Suisse, la Belgique, etc., etc., on doit les y
*traiter avec réciprocité* comme neutres et respecter la
liberté de leurs personnes et biens.

IX° Voyons maintenant Wolf, le professeur de
Vattel, qui dans son ouvrage : « *Jus Gentium methodo*
*scientifica* » (1749,) dit, §§ 672 — 833, concernant la

neutralité : « *In bello medii dicuntur, qui neutri belli-*
» *gerentium parti adherent; consequenter bello se non im-*
» *miscent* » (§ 672). « *Dans la guerre sont considérés*
» *comme neutres ceux qui n'adhèrent pas à la guerre et*
» *ne s'en mêlent pas.* » — Quant au respect dû aux neutres de la part des puissances belligérantes, il dit
ensuite : « *Qui neutrarum partium sunt, ea præstar utri-*
*que belligerentium parti debent quæ Jure Gentium, de-*
*bentur extra bellum* » (§ 673).

« *Ceux qui sont neutres,* et se conduisent envers
» *les belligérants selon le droit des gens, ne sont pas tou-*
» *chés par la guerre* », c'est-à-dire ils conservent leurs
droits, exercés avant le temps de guerre.

Maintenant voyons quelle est la loi du droit des gens
pour les neutres, selon Wolf, que les belligérants doivent
respecter. Il est très-clair en disant, § 833 : « HOSTES
» et RES HOSTILES IN TERRITORIO PACATI CA-
» PERE, NON LICET. »

« *La personne et les biens de l'ennemi ne peuvent pas*
*être saisis pour le territoire neutre.*

Ainsi donc, vous belligérants, vous ne pouvez pas demander aux neutres de saisir la personne et les biens
des soldats de votre ennemi qui se réfugient sur le territoire neutre, c'est la loi posée par le professeur de Wattel.

X° Maintenant on a interprété *Vattel* dans la Chambre
des représentants belges tout à fait autrement, parce que
une personne, qui n'a aucune autorité, s'est permis
d'annoter Vattel et de lui attribuer une loi qu'il n'a jamais
posée et pourquoi? parce que l'interprète est un Suisse
et la Suisse a saisi les soldats des belligérants et en a
agi contrairement à la loi et à l'avis de Wolf, professeur
de Vattel.

Refug. milit.
ad I.

Mais est-ce que Vattel aie jamais posé une autre loi que son professeur Wolf? Jamais; car le jurisconsulte « *Von Ompteda* » observe dans son ouvrage sur le droit international, que Vattel a religieusement suivi le même système que son professeur Wolf a soutenu dans son ouvrage mentionné plus haut. En effet, Vattel dans son ouvrage sur le Droit des gens (édition Paris, 1820) livre III, chap. VII, § 104, définit les devoirs d'une puissance neutre en disant :

« Une puissance neutre doit être impartiale envers les
» belligérants, elle ne doit pas favoriser les armes de l'un
» au préjudice de l'autre, en fournissant armes, munitions,
» soldats ou autres objets servant à la guerre ; mais si
» elle les fournissait, elle devrait le faire d'une manière
» égale pour tous les belligérants. Quant au reste, chaque
» pays neutre exerce librement ses droits comme si la
» guerre n'existait pas. »

Il en résulte que le neutre ne doit faire aucun acte demandé par l'un des belligérants quand l'autre n'y consent pas.

§ 110, id., Vattel soutient « que tout ce qu'une nation
» neutre fait pour soutenir sa dignité et sans porter pré-
» judice à l'un des belligérants par sa partialité (comme
» c'est dit plus haut) est considéré comme souveraine-
» ment légal et ne peut pas être interprété comme con-
» traire à la neutralité, etc., etc.

Sans revenir à la loi que Wolf et Gentilis, etc.; etc., etc., ont posée, que le belligérant ne peut pas légalement saisir et moins encore faire saisir par un autre, les personnes et biens de son adversaire qui se sont réfugiés ou qui se sont transportés sur le territoire neutre (n'importe si les personnes appartiennent à l'armée ou à une autre classe du peuple), il serait donc contraire à la neutralité, si l'un des belligérants disait à une puissance neutre : « Vous me ferez arrêter chez vous les soldats ennemis, que je voudrais rendre impuissants. » Si la puissance neutre faisait exécuter sa volonté, elle manquerait d'impartialité envers l'autre belligérant et ce belligérant avec le neutre violerait la neutralité envers lui.

XI° Il faut y mentionner un fait de respect montré par la France, dans la guerre actuelle, pour la neutralité de la Belgique et le droit de la guerre envers son adversaire. — Au mois de décembre les francs-tireurs faisaient des prisonniers allemands sur la frontière belge presque sur le territoire neutre. — Le général Faidherbe commandant de l'armée du Nord leur rendit la liberté aussitôt qu'il apprit qu'ils étaient faits prisonniers sur la frontière belge. (Voir son ordre du 22ᵉ corps, publié à Bruxelles par « *L'Étoile Belge* », mercredi le 28 décembre 1870), etc., etc..

Ce fait constate une conduite selon les lois de la guerre et de la neutralité mentionnées plus haut, que la France 1° ne veut pas faire elle-même des prisonniers de guerre en Belgique, et moins encore 2° voudrait-elle que la Belgique le fasse pour elle.

3° Que l'Allemagne et la Belgique doivent faire autant pour les Français en Belgique, et doivent s'abstenir de faire et de faire faire des prisonniers français en Belgique selon la loi régissant tous les autres pays neutres.

3° Et que si la Belgique ne le faisait pas elle serait partiale envers la France et violerait la neutralité devant l'Europe entière. — La loi du droit des gens l'oblige comme toute autre puissance neutre à s'en abstenir.

Pourquoi la France respecte-elle ainsi la neutralité de la Belgique comme celle du Luxembourg, de la Hollande et de la Suisse, parce que, comme le dit Gentilis Wolf, et Vattel, déjà cités, « *pax est cum neutris* » et ensuite « *neutrus extra bellum* », c'est-à-dire que la guerre ne change en rien son état souverain qu'il occupait envers les belligérants, avant le temps de guerre, seulement il faut qu'il soit impartial et ne donne l'appui direct à aucun des belligérants.

Il en résulte que si la Belgique, la Hollande, la Suisse et le Luxembourg n'avaient pas osés dans le temps de paix et sur la demande des gouvernements allemands, faire prisonniers les Français qui franchissaient leurs frontières, — ils ne pouvaient non plus le faire dans le temps de guerre, qui ne change rien à leurs droits communs de la paix.

Refuser de les faire prisonniers est LEUR DROIT, et ne pas les faire prisonniers est LEUR DEVOIR, non-seulement parce qu'ils donneraient un appui à l'un des belligérants, mais aussi parce que comme l'ont dit tous *les jurisconsultes* depuis les temps les plus reculés cités plus haut, et reconnu même par le *droit romain*, que les soldats réfugiés et leurs biens sont libres sur le sol des neutres.

XII° D'ailleurs cette règle se trace sur le droit de refuge, sacré par la « *lex divina* », déjà chez les anciens peuples israélites, même pour ceux qui commettaient des crimes, d'autant plus pour ceux qui sont obligés de sauver leur vie et biens du pouvoir d'un oppresseur. « *Fuga an sit ignominiosa nobili præsertim qua vita servare studet quam vi armata se servare posse confidit,* » et ensuite : « *Fugere num liceat captivo bello* » sont deux lois qui

permettent selon toutes les lois de la jurisprudence ancienne et moderne la fuite comme *défense légitime de son
existence, de ceux qui ont été déjà au pouvoir de l'ennemi.*
Si l'ennemi n'est pas assez fort pour les garder sous ses
pouvoirs de guerre, c'est l'AVANTAGE *résultant du droit de
la guerre pour son adversaire.* Mais aucun autre que le
belligérant peut avoir le pouvoir de la guerre. Un neutre
ne peut pas le recevoir comme *mandataire*, et le belligérant ne peut pas les déléguer comme mandant au neutre
sans violer sa neutralité, *selon le* « JUS BELLI *et* MEDII. »

Mais si le belligérant ne peut pas légalement réclamer des neutres, qu'ils fassent pour lui prisonniers de
guerre ceux qui étaient déjà en ses pouvoirs et se sont
échappés sur un territoire neutre, il est clair qu'il *ne
puisse légalement* réclamer et de beaucoup moins de
raison : qu'ils fassent prisonniers de guerre, des soldats
de son adversaire, qui N'ONT JAMAIS ÉTÉ EN SON POUVOIR.

Ainsi les deux classes des fugitifs militaires : I° ceux
qui étaient déjà prisonniers entre les mains de l'ennemi,
II° et ceux qui ne l'étaient pas du tout ; ont droit —

1° A la fuite et ne doivent aucune obligation à l'ennemi
(quand même ils auraient été déjà prisonniers de guerre en
son pouvoir) selon le droit de la guerre, *vulgo* la
« *ruse* », et

2° Jouissent d'une complète liberté personnelle sur le
territoire neutre.

Pourtant cette liberté finit sur le sol des neutres, dès
lors que la puissance belligérante réclame d'eux ses soldats ; alors dans ce cas le neutre doit agir envers le belligérant selon le droit commun comme si la guerre
n'existait pas et comme s'il avait agi envers lui dans le
temps avant la déclaration de guerre. S'il y a un traité

entre eux pour l'extradition des militaires fugitifs, il faut
l'observer dans ce cas ; s'il n'en existe pas, il faut agir
selon le droit international, d'après la *loi de réciprocité*.

Mais le belligérant seul peut légalement réclamer ses
soldats qui sont sur le territoire neutre. Le neutre peut
les repatrier, même sans demande des belligérants, si le
traité d'extradition l'oblige, sinon le retour des militaires
réfugiés dans leur patrie, dépend de leur volonté.

Cette loi résulte également de la règle : « *Pax cum
neutris.* »

ommerce et
ustrie, ad.
III.

XIII° Dans la guerre actuelle il s'agit des réclamations
exorbitantes que M. de Bismark fait auprès des neutres,
de faire prisonniers et de saisir des biens des Français
tout contrairement à la jurisprudence citée dans les
pages précédentes, et qui violent la neutralité de la Belgique, du Luxembourg, de la Hollande de la Suisse et de
l'Angleterre. Cette dernière puissance a même saisi des
câbles sous-marins fabriqués par des Anglais pour le
compte des Français qui, par leur qualité et catégorie ne
sont point munitions et contrebande de guerre et appartient au commerce licite entre neutre et belligérant, permis
selon tous les jurisconsultes qui ont écrit sur le droit des
gens. — Mais pendant la guerre américaine de 1863,
l'Angleterre a fourni même des armes et armements aux
États du Sud, reconnu par elle comme belligérant. C'est
donner aujourd'hui un démenti au droit des gens. Même
les savants et jurisconsultes allemands, comme Leibnitz,
Puffendorf, Wolf, Vattel, cités plus haut, débutent les
demandes de M. de Bismark par les lois.

Nous pouvons y ajouter Martens « *Précis du droit
des gens modernes* », qui en fait autant en soutenant ce
que les jurisconsultes ont soutenu avant lui.

Réfug. milit.
commerce, in-
dustrie, ad. I,
II, III, IV.

XIV° Mais nous pouvóns, après avoir cité les savants des nations différentes qui ont écrit sur le droit des gens jusqu'à la première période du xixe siècle, mentionner pour conclusion, une grande autorité allemande qui a écrit sur le droit des gens après la seconde paix de Paris, c'est le docteur Schmalz, professeur à la faculté de droit de l'université de Berlin, dans son ouvrage : « *Le Droit des gens européen.* » (*Das europaische Volkerrecht*, Berlin, 1817, etc., etc.)

L'on ne peut pas mieux opposer aux demandes de M. Bismark, que par cette autorité de Schmalz, qui a enseigné en même temps que Savigny et Hegel, à l'université de Berlin.

Dans son Droit des gens, livre VIII, chap. II, il dit :

I° « *Les puissances neutres peuvent demander de droit,* » *que les puissances belligérantes s'abstiennent de tout* » *acte de violence et se conduisent envers eux comme ils* » *se sont conduits envers eux dans le temps de paix.* » Voici le texte :

  « *Neutrale Mœchte nun dürfen von den Kriegführenden* » *fordern, dass sie jeder Gewaltthat wie zu Zeiten allge-* » *meinen Friedens, sich gegen sie enthalten.* »

Il continue ensuite, disant : II° *Le péril excuse de* » *droit un persécuté par l'ennemi, de se réfugier sur le* » *territoire neutre, pour se sauver.* » — C'est comme nous l'avions démontré chez les autres jurisconsultes, selon *la loi naturelle de la défense légitime,* qu'il faut le permettre. Mais puisque le réfugié possède ce droit, il en résulte qu'il faut le traiter sur le territoire neutre, non seulement comme tout autre individu, mais aussi selon les lois que l'humanité prescrit par le « *Jus hospitii et protectionis* » quand on ne veut pas se placer sur le terrain d'un oppresseur et barbare envers lui.

Voici le texte allemand :

« *Dennoch durchbricht oft die Noth die Schranken des*
» *Rechts* ENTSCHULDBAR *wenn ein Verfölgter sich zu retten...*
» *durch das neutrale Gebiet eigenmæchtig geht.* »

Il continue ainsi : III° « *Même les prises, qu'un réfugié*
» *a apportées avec lui sur le territoire neutre,* y sont en
» sûreté, de sorte qu'elles n'y peuvent *pas être réclamées*
» *ou reprises,* et la puissance neutre ne peut pas être
» contrainte par la puissance belligérante, à les faire
» restituer, quand même elles constitueraient une prise
» illégalement faite. »

Le texte allemand en est :

« *Wenn auch Beute welche ein Feind gemacht in neu-*
» *trales Gebiet gebracht ist, so darf sie dorth-in nicht*
» *verfolgt und da nicht wieder genommen werden; auch*
» *kann die neutrale Macht, selbst nicht unter dem Vor-*
» *wande dass diese Beute widerrechtlich gemacht worden,*
» *von den Kriegführenden zur Rückgabe genöthigt wer-*
» *den.* »

En suite : IV° « PRISONNIERS DÉ GUERRE NE PEUVENT PAS
» ÊTRE FAITS OU RETENUS, SUR UN TERRITOIRE NEUTRE PAR LE
» BELLIGÉRANT, *etc., etc. Quand même l'ennemi belligérant*
» *se serait permis des actes illégaux sur le territoire*
» *neutre par violence, la puissance neutre n'en serait pas*
» *responsable, et n'en aurait pas violé sa neutralité, et par*
» *conséquent l'autre belligérant n'en a acquis aucun droit*
» *envers le neutre, pour y répondre par les mêmes actes*
» *que son ennemi y a commis par violence. Naturellement*
» *nous cherchons l'ennemi où il nous menace;* MAIS QUAND
» L'ENNEMI S'EST RÉFUGIÉ AVEC ARMES SUR UN
» TERRITOIRE NEUTRE, LE BELLIGÉRANT N'A PAS

» LE DROIT D'Y POURSUIVRE SON ENNEMI. »
LE RÉFUGIÉ SANS ARMES EST INVIOLABLE SUR
LE LIEU DE REFUGE.

Voici le texte :

« *Nur Kriegsgefangene kann keine fremde Macht in*
» *neutralem Gebiete halten, etc., etc. Doch fordert das*
» *Recht, dass eine Erlaubniss welche der Feind sich in*
» *neutralem Gebiete gewaltsam genommen, nicht als Ver-*
» *letzung der Neutralitæt von Seiten des Neutralen, ge-*
» *ruegt werde, und man kann deshalb nicht von ihm for-*
» *dern, dass er das Abgedrungene auch uns gewæhre. —*
» *Aber freilich suchen wir den Feind auf wo er uns droht.*
» *Ist er bewaffnet in ein neutrales Gebiet geflüchtet, so*
» *kann uns die Verfolgung dahin auch nicht gewehrt*
» *werden. Den unbewaffneten Flüchtling soll man in seiner*
» *Freistætte unverletzt lassen.* »

Pour appliquer ces lois à la Hollande, le Luxembourg,
la Belgique, etc., envers les exigences de M. de Bismark,
ces exigences sont bien repoussées par la science et le
droit. Bismark représente pourtant la PUISSANCE VAINQUEUR,
et menace d'opprimer les puissances neutres par ses
exigences, — parce qu'elles agissent selon la loi.

Mais le professeur Schmalz confesse que la *haine*
et l'*intrigue politique* font souvent oublier la loi et cher-
chent des querelles aux neutres.

Il dit à cet égard V° :

« *Ces règles de la justice, si simples qu'elles soient,*
*poussent généralement sur des difficultés quant à leur*
*application aux faits. Il en résulte, sous prétexte politique,*
*des plaintes tantôt sur la violation des droits de la neu-*
*tralité, tantôt sur la non-observation des devoirs de la*
*neutralité.* » — Voici le texte : « *Diese einfachen Regeln*

» *der Gerechtigkeit werden indessen uberall bei der An-*
» *wendung auf das Gewirre der Verhaltnisse und Thatsa-*
» *chen in unendliche Schwierigkeiten verwickelt. Daher*
» *zu allen Zeiten gegenseitige Klagen bald uber Verletzung*
» *der Neutralitatsrechte, bald uber Uebertretung der Neu-*
» *tralitats Pflichten und zu allen Zeiten* VORWAENDE
» *der* POLITIK. »

6° Quant à la contrebande de guerre, Schmalz dit
comme les autres jurisconsultes cités plus haut : « *Que le*
» *commerce des neutres avec les belligérants est libre,*
» *sans doute parce que son état de paix n'en change rien,*
» *et le* NEUTRE PEUT LÉGALEMENT PERMETTRE, SANS VIOLER LA NEU-
» TRALITÉ, QUE LE BELLIGÉRANT ACHÈTE CHEZ LUI DES MATÉRIAUX
» DE GUERRE, s'ils ne sont pas *exempts du commerce*, par
» des traités, tandis qu'il n'est *pas permis aux neutres de*
» *les* ENVOYER DIRECTEMENT AUX BELLIGÉRANTS PAR SES VAISSEAUX
» NEUTRES. » Voici le texte : « *Und es ist in Europa*
» *immer anerkannt dass Waffen dem Feinde* ZUZUFUEHREN,
» *und was sonst Kriegsbeduerfniss ist den neutralen*
» *Schiffen unerlaubet sey. Soche Waare hat von jenem*
» *gedrohten Bann den Namen : Kriegscontrebande erhal-*
» *ten, etc., etc.* — DAHINGEGEN KANN ES NICHT FUER EINE
» VERLETZUNG DER NEUTRALITAET GEHALTEN WERDEN, WENN DIE
» NEUTRALE MACHT DEN EINKAUF DER KRIEGSBEDUERFNISSE IN
» IHREM GEBIETE GESTATTET. »

XV. Ainsi donc, quand M. de Bismark se plaint en Belgique, Luxembourg, Hollande, Suisse, Angleterre, que
la France achète chez elles des matériaux de guerre, le
professeur Schmalz dit que sa plainte n'est pas fondée et
que ces puissances n'ont aucunement violé leur neutralité.
Si les petits États se laissent facilement intimider par la
force, il est étonnant comment l'Angleterre a suivi

l'exemple des petits États neutres dans la guerre actuelle, et contrairement à la jurisprudence suivie jusqu'ici par elle, à l'égard du commerce libre avec matériaux de guerre entre ses citoyens neutres et les belligérants.

Nous avons cité plus haut (*ad* XIII) des cas où, dans la guerre actuelle, elle a fait saisir à Londres, chez un fabricant, le câble sous-marin fait pour le compte des Français, et sous prétexte qu'il constitue de la contrebande. — Ce fait est remarquable. L'Angleterre a changé la jurisprudence pour soutenir et plaire au belligérant vainqueur, l'Allemagne, au détriment de la liberté du commerce et de son industrie, et pour nuire à l'autre belligérant, la France. — D'ailleurs c'est pour la première fois qu'on veut nous faire croire que le câble est de la contrebande de guerre.

L'Angleterre aurait pu s'appuyer sur la loi admise non-seulement en Angleterre, mais en Prusse, par le savant professeur prussien Schmalz, qui soutient, page 293, dans son livre VIII cité déjà : 1° « *Que si l'on* » *voulait laisser de côté la jalousie et la malveillance* » *envers son adversaire, on ne trouverait pas que la liberté* » *du commerce du neutre soit hostile au belligérant.* — » *L'ennemi ne peut et ne doit pas soutenir qu'un commerce* » *du neutre, permis dans le temps de paix, lui soit in-* » *terdit dans le temps de guerre.* »

Ensuite page 287, 2° : *Sans doute le neutre ne doit* » *pas fournir au belligérant de la contrebande, armes et* » *munitions de guerre; mais il n'est pas du tout démontré* » *que les matériaux bruts soient de la contrebande, par* » *exemple, si la poudre et les balles sont de la contrebande,* » *que le soufre, le salpêtre, le plomb la soient aussi.* »

C'est-à-dire, comme il l'a soutenu plus haut, il faut un

traité pour défendre aux neutres de fournir directement de la munition de guerre.

Dans le traité du 20 juin 1766, entre l'Angleterre et la Russie (voir *Recueil des traités*, par le baron de Martens), la contrebande ne consiste qu'en ARMES FAITES, équipement militaire, poudre, soufre et salpêtre. C'est (depuis ce temps) la désignation pour la qualité de contrebande, admise chez toutes les nations. Il serait ridicule d'y compter le câble sous-marin. — Mais Schmalz a dit (comme cité plus haut) : 3° « *Que la loi internationale* » *veut que le neutre n'expédie pas lui-même de la contre-* » *bande à l'ennemi, mais elle permet que le belligérant* » *l'achète chez lui et qu'il l'expédie lui-même.* » Sans doute, cette loi se base sur la paix et la liberté du commerce et de l'industrie des neutres, soutenue jusqu'ici aussi par l'Angleterre, et réclamée par elle déjà au XVIe siècle contre la Hollande et l'Espagne pendant leur guerre.

En parlant ad VII des lois posées par Grotius, je me suis déjà prononcé dans ce sens pour la liberté du commerce pour soutenir que les gouvernements seuls soient empêchés par la loi de fournir de la contrebande désignée plus haut, parce qu'ils sont neutres et que le commerce privé en soit libre à la disposition égale de tous les belligérants, qui alors ne pourraient pas se plaindre ou abuser des neutres, sous prétexte de partialité. Il en résulte que la propriété des neutres doit partout être respectée par les belligérants, soit sur mer, soit sur terre. S'il expédie lui-même ses marchandises (même les munitions de guerre) au belligérant, cela sera son droit, parce que cette marchandise est sa propriété et le belligérant n'a pas la juridiction de prise là-dessus même dans le pays ennemi. — Mais il faut que la marchandise soit sa propriété de bonne foi, et elle peut être saisie par le belligérant si le neutre l'a vendue à l'ennemi et l'a transportée hors de son pays et dans un pays ennemi, parce que la loi permet à l'ennemi de confisquer les biens de son adversaire. Mais pour ce transport le neutre n'a aucune responsabilité envers le belligérant, parce que son industrie est libre et n'est soumise à aucune restriction.

Sur le point de transport des articles de guerre, je ne suis pas d'accord avec Schmalz; il dit que le neutre peut les vendre aux belligérants, mais il ne doit pas les transporter, tandis que je soutiens qu'il peut les vendre et les expédier. La raison en est bien simple, car si le commerce en est libre, le transport doit en être permis, d'autant plus qu'il n'est que secondaire. La preuve en est que les navires des neutres transportent chez les belligérants les marchandises neutres, selon la loi admise depuis des siècles, sans qu'il soit permis aux belligérants de les confisquer.

En faisant une distinction entre acte officiel et privé dans le commerce avec la contrebande par le neutre avec le belligérant, j'ai soutenu dans mon ouvrage sur les neutres (publié à Paris en 1854 et déjà cité), au § 21 :

« *Les relations internationales entre une puissance neu-*
» *tre et celles des belligérants restent néanmoins non in-*
» *terrompues et sur la même base qu'elles étaient avant la*
» *déclaration de neutralité. Ainsi le commerce, la naviga-*
» *tion et toutes les autres communications restent libres;*
» *car c'est justement l'avantage des peuples en temps de*
» *paix d'avoir leurs communications non interrompues.*
» *§ 22. L'autorité d'un pays neutre doit s'abstenir de*
» *prêter son intermédiaire pour l'acquisition des mar-*

» *chandises à transporter dans un pays en guerre, etc.*

» *Quant aux populations entre elles, elles sont pleine-*
» *ment libres de leurs actions comme elles l'étaient* a priori
» *de la guerre.*

 » § 30. *Les belligérants n'ont aucun droit sur la vie ou*
» *les biens des peuples neutres.* »

Les mêmes principes sont soutenus dans le second volume de mon ouvrage : *Code du droit maritime international*, Paris, 1858, § 27, etc. Voici les motifs :

Un gouvernement ne fait que de la politique ou de la diplomatie officielle, et s'il fournissait des armes et munitions (contrebande) à l'ennemi, il le ferait par motifs politiques et il interviendrait alors officiellement pour le belligérant, tandis que les citoyens en les fournissant ne feraient qu'un acte privé de commerce licite. Voilà le motif qui permet à l'un ce qu'il ne permet pas à l'autre pour des raisons purement diplomatiques.

D'ailleurs, comme nous l'avons déjà dit, la fabrication de munitions de guerre (armes, poudre, etc.) est généralement le monopole et le privilége exclusif des gouvernements, et si le belligérant n'en obtient rien de lui, c'est déjà une grande restriction en faveur de tous les belligérants. Mais supposons que cette fabrication ne soit point privilége et monopole, elle le serait toujours sur une très-petite échelle chez les industriels privés, destinée seulement aux civils, parce que pour les militaires tous les gouvernements en pourvoient par leurs grandes fabriques et établissements militaires. Le commerce libre entre neutres et belligérants avec (la contrebande) armes et munitions de guerre ne pourrait donc être que très-minime, parce que la fabrication en est minime. Quand même cette fabrication privée pourrait en fournir des grandes quantités, cela ne serait pas une raison légale pour en exclure le commerce libre, car tous les belligérants en profitent comme bon leur semble, et l'un ne peut pas se plaindre que l'autre jouit d'un avantage sur lui. — L'impartialité du neutre en est sauvegardée et la loi satisfaite.

Que l'industriel en vende au négociant de son pays; que le négociant en achète chez lui ou à l'étranger et en vende aux belligérants, soit dans son pays neutre ou dans le pays belligérant, tous ces actes sont permis au neutre, pour son industrie et commerce libre, et tous les belligérants peuvent en profiter comme ils l'entendent. — On évitera par là des querelles politiques et l'oppression des neutres pour le belligérant le plus fort qui, généralement, est le plus insolent et exigeant.

Enfin quant aux réfugiés militaires qui s'échappent du pouvoir ennemi sur le territoire neutre, j'ai aussi soutenu déjà en 1854, avec les autres jurisconsultes, dans le *Code des neutres*, § 20, qu'ils y sont libres comme sont tous autres citoyens.

Il faut avouer que la Hollande et le Luxembourg ont agi loyalement en se conformant à cette jurisprudence par leurs décrets ministériels de 1870 envers les réfugiés militaires; mais pour cela on menace de les opprimer.

En effet, ils ont déjà cédé à la force allemande au Luxembourg.

---

## CONCLUSIONS.

Ainsi, j'ai voulu résumer dans ces pages la jurisprudence depuis les temps les plus reculés jusqu'à nos jours, qui admet : I° Que les réfugiés militaires sur un territoire

neutre sont gens libres ; II° que le commerce et l'industrie sont libres en leurs rapports avec les belligérants
et que les citoyens neutres peuvent légalement vendre et
transporter des munitions de guerre dans les pays
ennemis tandis que le gouvernement doit s'en abstenir,
et III° que les biens des neutres n'importent où ils se
trouvent sont hors la prise et ne peuvent être saisis légalement par le belligérant.

Qu'on le comprenne bien ; c'était exécuté chez les
nations comme loi, depuis le moyen âge. — Aujourd'hui
M. de Bismark veut nous dire : que la « *lex humana et
divina* » est devenue plus barbare qu'elle ne l'était au
moyen âge, qu'aujourd'hui la force prime le droit et en
conséquence supprime la loi, et la justice, l'ordre public
la science, la conscience des hommes ne doivent plus
exister ; voilà les bons augures pour le repos des peuples.
Mais la loi ne lâche pas pour cela un pouce de sa force,
et la science dira toujours : vous mentez au XIX° siècle à
la face de Dieu et de l'humanité, et tôt ou tard la loi tom-
bera sur vous. Vous accusez les justes, vous voulez les
faire perdre, à cause de leur équité, envers vous et envers
votre système approfondi du mal, soutenu par la masse
des gens en votre solde et le criminel qui l'exécutent
contre ceux qui vous disent : que vous faites perdre la
société, parce que vous ébranlez et détruisez ses bases
fondamentales. — C'est cette force que vous imposez aux
neutres d'agir contre les lois de leur neutralité.

Les puissances neutres qui n'ont pas observées ces
lois, auront à s'en repentir un jour quand elles seront en
guerre. Aussi la paix sera faite entre l'Allemagne et la
France, et il n'y a pas de doute que la France réclamera
des neutres, ses soldats et ses matériaux de guerre saisis

par les neutres, la Suisse, la Belgique, le Luxembourg, etc., etc. — L'on demandera probablement à la France indemnité pour le soutien de ses soldats, mais elle répondra : Vous les avez retenus chez vous illégalement et contrairement à ma demande, c'était à vous à les nourrir. — Mais vous me devez des réparations pour les dommages que vous m'avez causés en retenant pendant la guerre mes soldats pour le compte de mon adversaire et en nuisant ainsi à mes opérations de guerre.

FIN.

Mon intention était d'abord de publier ce travail dans la *Revue du droit international*, qui se publie à Gand sous la direction de M. l'avocat Rolin-Jacquemyns. J'ai reçu alors à Bruxelles la visite de mon honorable confrère qui, après avoir vu le manuscrit, m'a fait connaître la tendance allemande de sa *Revue* et croyait que je pourrais facilement me faire amalgamer avec les collaborateurs de la *Revue*, qui sont professeurs aux universités de Berlin et de Heidelberg, comme MM. de Holtzendorf, Bluschli, Blunschli, etc., etc. Mais je lui ai bien vite fait comprendre : 1° Que je ne suis point d'accord avec les professeurs, jurisconsultes allemands, qui ont depuis des années travaillé selon l'intérêt personnel et policier allemand pour édifier le système de M. de Bismarck : *que l'intérêt de l'État (mal compris par lui) doit primer le droit, la justice et la science;* que ce système est bon pour renverser la société et, s'il réussit en quelques affaires d'État, il ne pourra pas manœuvrer longtemps sans effets réactifs contre ceux qui l'ont pratiqué, provoqué et inventé; 2° que déjà dans mon ouvrage sur les

Neutres publié en 1854, j'ai condamné des auteurs qui propagent en matière de droit public des fausses doctrines, comme je m'en suis exprimé clairement dans l'Introduction de l'ouvrage cité ; 3° que j'en ai parlé dans ce sens à M. de Holtzendorf quand je me suis trouvé à Berlin, en 1869, avec lui, au banquet donné en commémoration de Humboldt. Je lui ai dit, à cette occasion, que je regrettais beaucoup qu'il ait mis au monde ses deux volumes publiés à Berlin en 1869, intitulés : *La politique comme moyen du droit*, parce qu'il y justifie le principe de tous les gouvernements despotiques qui, selon l'histoire à la main, se sont écrasés par eux-mêmes : *que la politique peut primer le droit et la justice*, — principe philosophiquement développé et qui roule dans les deux volumes de M. de Holtzendorf, imités d'après Machiavel ; 4° qu'en Allemagne, la science, la morale, la justice et l'humanité se sont abruties depuis vingt ans, par le système des gouvernements allemands et des savants qui s'y sont accrochés, et qu'à Berlin je ne connais que trois trophées de la morale politique et juridique, c'est le professeur Gneist, Virchow et Jacoby. Quant au reste, ils sont plus ou moins accrochés au terrorisme et aux horreurs et assassinats : (auxquels j'ai manqué de succomber en 1860 à Berlin, en 1868 à Carlsruhe, en 1869 à Berlin) : que répand la police diplomatique de M. Stieber (républicain en 1848) à Berlin et en Allemagne, et à laquelle aucun honnête homme ne peut ni adhérer ni se soumettre. Par cette raison et aimant la civilisation française pour laquelle j'ai combattu en Allemagne depuis plus de vingt ans comme l'a dit vrai le biographe dans Vapereau et dans « la Biographie Générale, » je me suis fait naturaliser français, bien que je sois

citoyen privilégié de Berlin, afin que la juridiction d
roi de Prusse n'ait plus de droits sur ma personne, q
depuis vingt-trois ans n'a commis que des grandes i
justices à ma personne et à mes biens, moyennant l
ministres soit de l'intérieur ou de l'extérieur de l'All
magne, et dont je n'ai jamais eu satisfaction, malg
mes plaidoiries devant les Chambres des représentan
de 1860, 1861, 1862, de Prusse, etc., etc.

Cette explication donnée à M. Rollin-Jacquemyn
mon honorable confrère a dû se convaincre que je ne n
vigue pas dans les eaux policières de MM. de Holtze
dorf, de Blunschli, etc., parvenus et protégés de M.
Bismark et que ma collaboration à la *Revue* en questi
étant alors impossible, à cause de ses tendances.
dois dire que je vois avec anxiété le système du gouve
nement allemand envahir les pays étrangers, et que
ne m'attendais pas du tout à trouver dans la *Revue*
question un représentant de M. de Bismark et de s
système. J'ai appris depuis que mon honorable co
frère M. Rolin-Jacquemyns a publié une brochure sous
titre : *La guerre actuelle*, etc., dans laquelle il justifi
d'après MM. Blunschli, Holtzendorf, etc., etc., les act
commis dans la guerre actuelle par les Allemands et co
damne ceux des Français. Cette brochure contient les art
cles publiés séparément dans la *Revue*. Mais il est bo
qu'on sache en Belgique comment on y soigne le systèm
allemand et comment on y propage les intérêts par de
sources belges-allemandes, qui vont engloutir la civilisa
tion de la race latine française. Il y a des consorts d
M. Holtzendorf, à l'université et dans la presse d
Bruxelles et il y a un grand nombre de Belges qui s
disent, de la très-bonne société de Bruxelles; affiliés

*la* police de M. de Bismark; ils y ont fait des croisades aussi contre moi à Bruxelles. Ces gens impurs ont agi, à Bruxelles comme on a agi à Berlin et en Allemagne; mais ils ont violé la neutralité belge en y faisant la police prussienne-allemande.

---

Pour savoir ce que je pense de la guerre actuelle, au point de vue international, je rends ici ma lettre publiée dans *l'Echo du Nord*, de Lille, du 16 janvier 1871 :

Veuillez me permettre, comme confrère qui ne vous est pas inconnu, de dire quelques mots à nos Allemands, dans votre journal, puisque je ne puis pas dire aujourd'hui la vérité dans un journal allemand pour leur ouvrir les yeux — comme je l'ai fait autrefois. — Voici les faits que je désire porter à leur connaissance.

J'ai été à Berlin jusqu'au mois de mai 1870 et voyant le grand danger que la société courait par la *politique ravageuse* de M. Bismark et de ses complices (qui n'en font qu'un commerce illicite), je me crus obligé d'écrire une longue lettre à mon confrère, M. Müller, rédacteur en chef de la *Gazette de Voss*, de Berlin, en date du 28 *avril* 1870, dans laquelle j'ai dénoncé aux Allemands :

1° Une conspiration des Potentats allemands, y compris l'empereur d'Autriche et sous le guide de M. de Bismark et de M. de Beust, contre la liberté et la prospérité physique et morale du peuple allemand qui leur paraît une menace dynastique;

2° Que les princes se sont laissés entraîner dans des vues funestes et des faux projets en 1869, par des intrigants qui y ont trouvé une satisfaction pour leurs ambitions personnelles au prix du bien-être général;

3° Que pour réaliser l'exécution de ces projets funestes, on commencerait par provoquer une guerre contre la France qui en était l'obstacle;

4° Que le peuple allemand serait prochainement conduit à la boucherie pour être détruit en ses meilleurs éléments par une guerre contre la France et sous un patriotisme fanatique qui voilerait les véritables intentions des Potentats;

5° Que si la France est opprimée par eux, le voile qui couvre les yeux des Allemands sera levé; ceux qui en sortiront victorieux auront alors, à leur tour, à lutter de génération en génération, pour la sécurité de leurs personnes, contre l'oppression soutenue par leurs despotes;

6° Que la politique de ces gens est pire que celle que Metternich a introduite en Allemagne et en Autriche après 1815, par la Sainte-Alliance, et que chaque père de famille devra être sur ses gardes en Allemagne pour la sécurité de l'avenir;

7° Que les mercenaires de Berlin ont attenté à ma vie, parce que j'ai lutté depuis vingt ans en Allemagne et en Autriche par mon autorité politique et littéraire, contre une guerre entre la France et l'Allemagne : (Voir le Dictionnaire des Contemporains, par Vapereau, et la Biographie générale, de Didot frères);

8° Que pour sauver ma vie j'ai été forcé de quitter Berlin et l'Allemagne à la fin du mois d'avril 1870.

Comme une grande partie de ce que j'ai alors prédit à M. Muller et au peuple allemand, est aujourd'hui devenu un fait accompli, je ne dois pas laisser ignorer aux Allemands ce que je pense de la situation actuelle. J'ai depuis vingt-cinq ans trop sacrifié en biens et en existence pour leur liberté et leur bien-être, pour laisser passer sous silence maintenant, *le grand danger dont les libertés et l'indépendance des peuples non-seulement en Allemagne et en Autriche, mais en Europe entière, sont menacées.* C'est donc dire que j'exhorte les Allemands à être sur *leurs gardes, parce que c'est pour l'exécution des plans que je leur ai dénoncés en avril 1870,* que les princes allemands continuent une guerre atroce *propre à décimer les peuples allemands et français;* que s'il en avait été autrement, ils auraient fait la paix après les grandes victoires remportées jusqu'à Sedan.

Pour me faire bien comprendre, je dois dire que les Allemands ont été forcés d'aller à la guerre; mais pourquoi et par qui? Parce que les princes allemands, après avoir trempé leurs mains dans le sang du peuple depuis plus de vingt ans, ont trouvé un Bismark pour dicter à Napoléon la déclaration de guerre, après avoir semé la discorde en France et confondu de fond en comble le gouvernement impérial. Grâce à cette confusion, Napoléon a toujours léché les mains des Potentats allemands, a fait exécuter en France, même contre nous, leurs volontés atroces, et enfin a fini son règne par un tripotage honteux de ses gens effrénés, qui, entraînant la France à la guerre, l'ont laissé sciemment et avec connaissance de cause sans défense.

Mais si de l'autre côté les Allemands se voyaient forcés de donner suite à la guerre, comme l'a dit la proclamation du roi de Prusse, ils auraient dû s'arrêter aussitôt que leur honneur était satisfait par les victoires remportées jusqu'à Sedan, et ils devaient faire la paix, si réellement et selon ladite proclamation, la guerre n'était pas une guerre d'extermination des peuples libres et de toute liberté en Europe. Mais aujourd'hui les Allemands sont conduits à la boucherie par un odieux fanatisme de conquête. La guerre est devenue selon les droits de la guerre depuis Gentilis (« *de jure belli tres libri* ») et Hugo Grotius (« *de jure belli ac Pacis* ») une guerre injuste et condamnée.

C'est donc le devoir des Allemands d'organiser maintenant des contre projets, et une résistance démocratique pour sauver leur propre existence et l'avenir de leurs enfants et de leurs familles. Comme je ne retournerai plus à Berlin pour y dire la vérité aux intrigants qui sont le malheur des peuples et des gouvernements, je la dis par votre estimable journal, afin que les Allemands voient ou non les conduits, je mets en demeure les journaux allemands, spécialement la *Gazette de Voss,* de Berlin, de reproduire ce que je viens d'écrire.

Veuillez, je vous prie, accepter, etc.

Bruxelles, 9 janvier 1871.

SIEGFRIED WEISS,
docteur en droit.

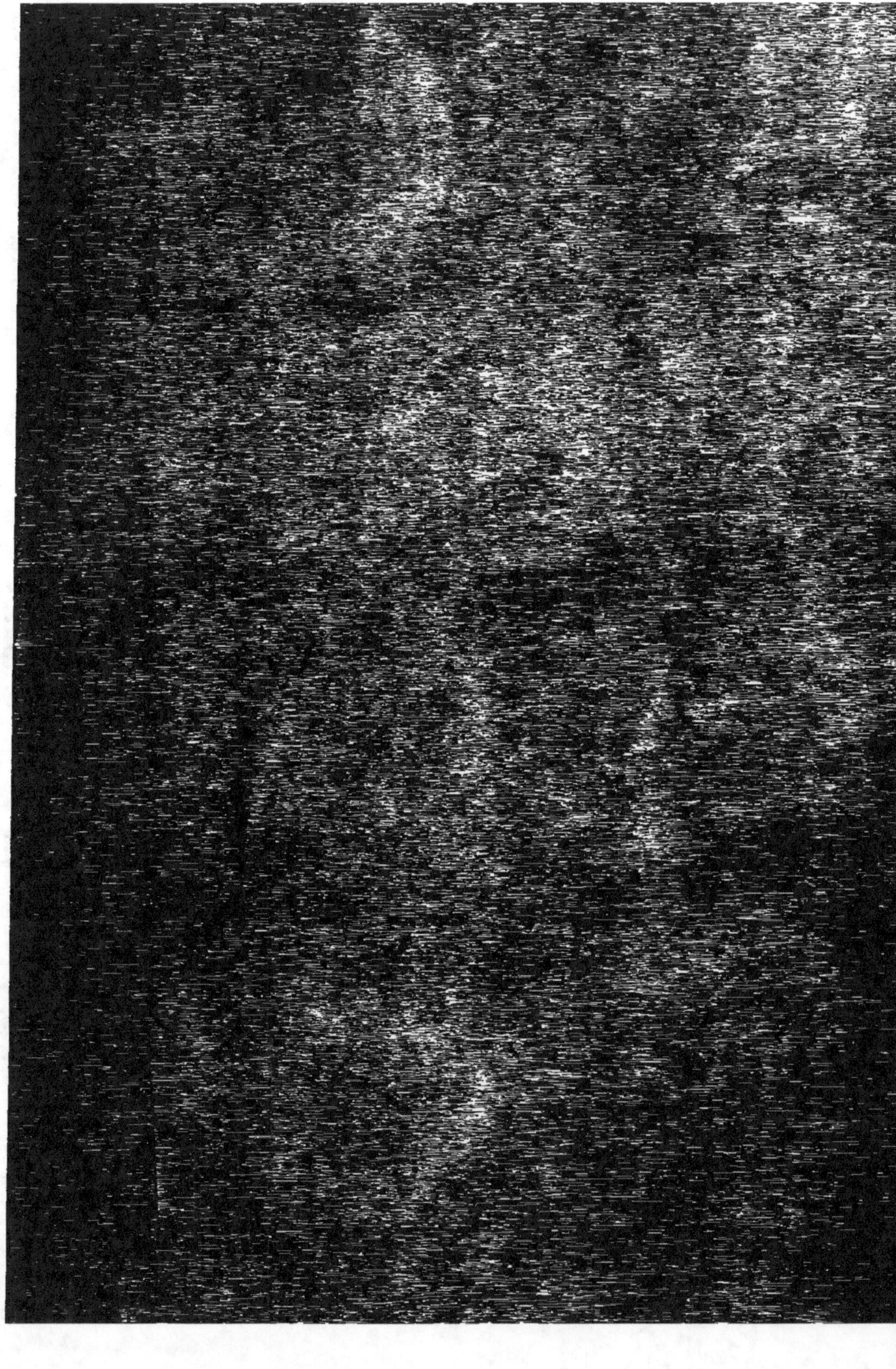

www.ingramcontent.com/pod-product-compliance
Lightning Source LLC
LaVergne TN
LVHW012309050726
842524LV00004B/1306